CONCLUSIONS

Pour

M. GIRAUD D'AGUILLON

Architecte, entrepreneur de Travaux publics,

Appelant,

Contre

M. PIERRE SCHACKEN

Administrateur de la Compagnie Parent et Schacken,

ET M. BRUNEAU

Propriétaire,

Intimés,

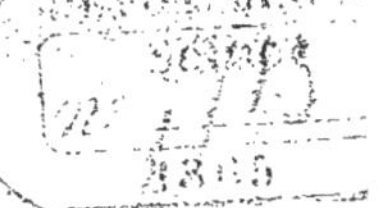

COUR IMPÉRIALE DE PARIS.

—

1re CHAMBRE.

—

Audience du lundi.

—

PRÉSIDENCE

M. le 1er Président DEVIENNE.

—

M. DE VALLÉE,
Premier Avocat général.

DAVID.

BETHEMONT.

Elles tendent à ce qu'il plaise à la Cour,

Attendu que par conventions verbales, conclues à Bruxelles, le 24 avril 1862, il avait été stipulé entre M. Giraud d'Aguillon, appelant, d'une part, et MM. Schacken et Bruneau, intimés, d'autre part, que M. Giraud, qui avait fait des projets et dressé des plans pour la création de voies nouvelles, de boulevards, de rues, places et squares à Madrid, se rendrait en Espagne à l'effet de présenter et déposer les dits plans et projets entre les mains des autorités compétentes, de solliciter les concessions que lesdits projets comportaient, et de faire toutes les démarches nécessaires à cette fin ;

Attendu que MM. Schacken et Bruneau devaient ensuite former une société financière, à laquelle ils auraient fait apport desdits plans et projets, et des concessions obtenues et qu'alors une somme

de 10,000 fr. serait payée à M. Giraud pour le couvrir de ses frais antérieurs, et que le surplus des bénéfices serait partagé par quart, dont un pour M. Giraud et trois quarts pour MM. Schacken et Bruneau ;

Attendu que les premiers fonds à allouer à Giraud pour frais de son voyage et séjour à Madrid devaient être fournis par MM. Schacken et Bruneau jusqu'à concurrence de 6,000 fr.;

Attendu que dès le mois d'août 1862, M. Giraud, s'étant rendu à Madrid, a fait toutes les démarches nécessaires pour solliciter des autorités une adhésion à ses projets ;

Qu'en rapport direct avec M. le duc de Sesto, alcade corrégidor de Madrid, il fut assez heureux pour obtenir de lui l'approbation des projets qu'il lui soumit ;

Que M. Castro, ingénieur en chef de la ville, y donna aussi son adhésion :

Attendu qu'avant d'accorder une autorisation officielle, les autorités espagnoles voulaient être sûres que l'affaire se ferait et qu'elles exigeaient que les co-participants commençassent à acquérir quelques terrains dans le quartier où ils se proposaient de faire leurs opérations ;

Que cette demande équivalait à celle d'un cautionnement en immeubles;

Attendu qu'avertis de ces intentions des autorités, MM. Schacken et Bruneau écrivirent à M. Giraud, le 4 octobre 1862, qu'il s'agissait avant tout d'obtenir la concession du nouveau quartier et le droit d'expropriation des terrains qui y sont compris ;

Attendu que dans les conventions du 24 avril 1862, il n'avait jamais été question que M. Giraud dût obtenir du Gouvernement espagnol le droit d'expropriation ;

PIÈCES A CONSULTER

POUR

M. GIRAUD D'AGUILLON

CONTRE

MM. SCHACKEN ET BRUNEAU

Le Tribunal,

Attendu que Giraud d'Aguillon ne justifie pas de motifs suffisants à l'appui de la remise qu'il demande ;

Sans avoir égard à la remise de cause demandée,

Lui ordonne de conclure,

Et faute par lui de ce faire,

Donne acte à Schacken et Bruneau, ce requérant, défaut contre Giraud d'Aguillon, faute de conclure ;

Au fond et pour le profit :

Considérant que les conclusions à fin de non-recevabilité prises par Schacken et Bruneau ne sont pas contestées, qu'elles ont été vérifiées, qu'elles paraissent justes ;

Par ces motifs

Jugeant en premier ressort,

Déclare Giraud d'Aguillon non recevable dans sa demande, l'en déboute,

Et le condamne aux dépens.

Convention du 24 avril 1862 entre M. Giraud d'Aguillon et MM. Schacken et Bruneau.

Entre les soussignés :

1° Jean GIRAUD D'AGUILLON, architecte, entrepreneur de travaux publics, domicilié à Paris-Passy, rue de la Tour, 77, de première part;

2° MM. Pierre SCHACKEN, propriétaire, domicilié à Paris, place Vendôme, 12, et Adrien-Benoit BRUNEAU, ancien représentant, propriétaire domicilié à Bruxelles, de seconde part.

Le soussigné de première part ayant conçu et dressé les plans et études de divers projets de création de voies nouvelles, boulevards, avenues, rues, places et squares à Madrid (Espagne) et dans ses environs, et s'étant adressé aux soussignés de seconde part, à l'effet d'obtenir leur intervention et leur concours pour la réalisation de ses projets, il a été convenu entre eux ce qui suit :

Les mémoires et plans de ces projets seront imprimés à Bruxelles sous la surveillance et au nom du premier soussigné;

M. Giraud se rendra ensuite à Madrid, à l'effet de présenter et déposer lesdits plans entre les mains des autorités compétentes, de solliciter en son nom les concessions que lesdits projets comportent, et de faire toutes les démarches nécessaires à cette fin.

Les soussignés de seconde part feront par moitié les fonds nécessaires pour pourvoir aux frais d'impression desdits mémoires et plans à faire à Bruxelles, et du voyage et séjour de M. Giraud à Madrid.

Ces frais ne pourront dépasser ensemble, pour la part des seconds soussignés, la somme de six mille francs sans leur assentiment ultérieur et par écrit. Ils seront mis à la disposition de M. Giraud à mesure de ses besoins.

En cas d'obtention de la concession, les soussignés de seconde part seront exclusivement chargés des soins à donner à la formation d'une société financière pour la mise à exécution des projets dont ils détermineront la forme et l'étendue. Ils pourront faire apport à cette société desdits plans et projets, et des concessions obtenues pour leur exécution, aux conditions déterminées par eux.

Ils promettent cependant de stipuler, si cela est possible, que les travaux de construction seront faits par M. Giraud, pour son compte particulier, au prix à convenir, si non qu'ils seront dirigés par lui, et qu'il lui sera payé en sa qualité d'architecte, pour sa direction et sa surveillance, une prime de cinq pour cent sur les prix des travaux, en dehors des acquisitions des terrains, ou qu'à défaut de l'une de ces alternatives, il lui soit alloué une prime de trois pour cent sur les mêmes travaux, en qualité d'auteur du projet, les bénéfices *(en dehors de ce qui est stipulé ci-dessus pour M. Giraud)* à résulter soit par l'exécution directe, soit par l'apport en société, seront partagés de la manière suivante :

1° Une somme de dix mille francs sera payée à M. Giraud pour le couvrir de ses frais antérieurs;

2° Les frais faits par les seconds soussignés seront restitués à chacun d'eux ;

3° Le surplus sera partagé par quarts, dont un quart à M. Giraud, et les trois autres quarts aux deux seconds soussignés.

Toutes les délibérations et résolutions sur les mesures à prendre et sur les démarches à faire pour atteindre le but, seront à la majorité des voix.

Les avis pourront être donnés par lettre.

Fait en triple original à Bruxelles, ce vingt-quatre avril mil huit cent soixante-deux.

Approuvé :
J. GIRAUD D'AGUILLON.

Approuvé :
SCHACKEN.

Approuvé :
BRUNEAU.

CORRESPONDANCE

M. Giraud d'Aguillon, s'étant rendu à Madrid en août 1862, a entretenu heure par heure, minute par minute, MM. Schacken et Bruneau de toutes ses démarches.

On cite ici les passages les plus importants de cette correspondance, pour faire voir les résultats obtenus à Madrid par M. Giraud d'Aguillon, et pour faire saisir les causes qui, dans l'esprit de MM. Schacken et Bruneau, ont amené un changement d'opinion, et les ont déterminés à ne pas donner suite à leur convention avec M. Giraud d'Aguillon.

La Cour appréciera si ce dernier n'a pas exactement rempli son mandat, et s'il était loisible à MM. Schacken et Bruneau de rompre par leur seule volonté une convention synallagmatique, alors que M. Schacken est entré immédiatement après cette rupture dans une affaire identique qui s'exécute à Madrid sous une raison sociale où son nom figure.

Madrid, le 17 septembre 1862.

M. GIRAUD *à* MM. BRUNEAU *et* SCHACKEN.

. . . . . Je dois voir demain le duc de Sesto, gouverneur de Madrid et le Ministre de la Gobernacion, ce sont les deux personnes puissantes pour notre affaire. Je serai présenté à ces messieurs par un ami qui ne vous est pas inconnu et dont les relations nous seront très-utiles, c'est M. Manuel del Cerro.

. . . . . J'ai dû m'occuper de la question des terrains qui se trouvent sur la zone de nos projets, j'ai appris que des spéculateurs et de hauts personnages politiques recherchaient l'achat desdits terrains, ayant eu sans doute connaissance de nos projets.

Madrid, le 23 septembre 1862.

M. Giraud *à* MM. Bruneau *et* Schacken.

. . . . . Le nouveau plan de Madrid fait par l'architecte Castro, vient donner à notre opération une sanction, car toutes les avenues et boulevards, par leur direction, aboutissent à notre quartier royal.

D'après mes informations, près d'un tiers du périmètre de notre projet serait déjà acheté par la spéculation, soit par des contrats définitifs ou provisoires : voici, du reste la statistique, etc.

. . . . . Le duc de Sesto a dit à M. Manuel Ruiz del Cerro, au sujet du mémoire, qu'il ne croyait pas nécessaire de consulter les Chambres pour cet effet, qu'il s'entendrait lui-même avec ses ingénieurs et M. Giraud, et qu'étant d'accord avec ces messieurs, et *que la société possédât quelques terrains, on pourrait commencer de suite, et que la loi d'expropriation serait une affaire à sa requête*, ce serait une bonne chose.

Madrid, le 26 septembre 1863.

M. Giraud *à* M. Bruneau *et* M. Schacken.

Dès aujourd'hui je pourrais répondre du succès de notre opération si, ainsi que j'ai eu l'honneur de vous l'écrire dans ma dernière du 22 courant, une partie des terrains nécessaires à l'exécution de nos plans était entre nos mains, attendu que voici les paroles de M. le duc de Sesto (alcade corrégidor) . « Si les personnes qui sont à la tête de l'opération pour l'exécution des projets de M. Giraud sont sérieuses, qu'elles me prouvent qu'elles ont une partie des terrains nécessaires et qu'elles vont commencer l'édification du quartier projeté ; aussitôt je les mettrai à même de réaliser leurs projets. Mais, a-t-il dit, il y a ici une masse de spéculateurs qui se font une concurrence pour acheter les terrains de la nouvelle zone, et aucun n'est sérieux pour faire quelque chose de bien ; ils me harcèlent et m'ennuient, et je suis bien décidé à n'accorder à personne aucune autorisation sans qu'il me soit sérieusement prouvé que l'on va faire ce que l'on propose. » Ainsi, Messieurs, si vous donnez de suite les ordres nécessaires soit à moi, soit à vos agents à Madrid, *pour que l'on arrête immédiatement les lots des terrains que l'on peut acquérir en ce moment dans la zone de nos plans, l'affaire est assurée* et le changement qui devra s'opérer dans le plan de l'ingénieur Castro ne fera pas obstacle ; ce sont les paroles de M. le duc de Sesto. . . . . .

Quant à ce que l'on vous a dit, ce n'est pas la vérité, et je n'ai rien à craindre de la concurrence de M. Malingre, qui, me sachant à Madrid, n'oserait pas, je puis vous l'assurer, présenter un projet semblable au mien et sur les mêmes emplacements. Trop de personnages hauts placés savent que moi seul suis l'auteur desdits projets, et il sait qu'il se ferait plus de mal que de bien ; seulement il a pu penser que je n'arriverais pas aussitôt à Madrid, alors il aurait laissé croire que les projets étaient de lui, mais j'y suis, et il s'empressera de venir me voir à son retour de Londres s'il revient à Madrid.

Je verrai M. Mariano Calvol et M. Robert.

En attendant l'honneur d'une prompte réponse, je vous prie d'agréer, Messieurs, etc., etc.

J. GIRAUD D'AGUILLON,
hôtel des Ambassadeurs, à Madrid.

Bruxelles, le 4 octobre 1862.

MM. BRUNEAU *et* SCHACKEN *à* M. GIRAUD.

Monsieur,

J'ai reçu vos deux lettres des 23 et 26 septembre dernier. Il nous semble que l'affaire s'écarte du but que nous nous étions proposé : *d'abord il s'agissait d'obtenir la concession du nouveau quartier et le droit d'expropriation des terrains qui y sont compris*, afin de construire les rues et enclaves et le bâtissement des terrains ; et, d'après l'alcade major, nous devions, de plus, commencer l'édification du quartier projeté, et aussitôt après il nous mettrait à même de réaliser nos projets.

Mais d'abord, comme notre but n'est pas de spéculer sur l'achat de quelques terrains, à quoi nous servirait de faire une ou deux acquisitions de quelques milliers de pieds, si nous n'avions pas auparavant la certitude d'obtenir la concession du tout et la possibilité de l'acheter, c'est-à-dire la faculté d'expropriation ?

Quelle garantie l'administration aurait-elle pour l'achèvement du plan, dans la possession par nous de quelques milliers de pieds de terrain que nous pourrions revendre du jour au lendemain ?

Je concevrais qu'avant d'accorder la concession définitive l'administration s'enquît du caractère sérieux et de la force financière des demandeurs, ou exigeât d'eux un cautionnement pour garantie de l'exécution, comme cela se pratique dans les concessions de chemins de fer.

Quelles sont les mesures auxquelles S. Exc. le duc de Sesto a fait allusion, quand il a dit qu'il nous mettrait à même de réaliser nos projets aussitôt que nous lui aurions donné la preuve que nous sommes sérieux? A-t-il un autre moyen de faire accomplir un vaste travail d'ensemble, comme celui qui est proposé, sans une loi d'expropriation?

La maison Parent et Schacken est connue à Madrid; je n'y suis pas inconnu non plus, et il nous semble que la signature de l'un des gérants de cette maison et la mienne sont une garantie que nous pouvons mener à bonne fin une affaire que nous nous proposons d'entreprendre.

Aussitôt que nous aurions obtenu la concession, nous donnerions toutes les garanties désirables, et nous formerions une société financière capable de répondre à toutes les exigences et présentant la responsabilité la plus étendue.

Mais il nous paraît impossible de débuter dans une semblable affaire par une acquisition de terrains engageant six ou sept cent mille francs, sans avoir la certitude d'aboutir à la grande affaire. Si celle-ci ne se faisait pas, que ferions-nous de ces terrains? Notre but ne peut être d'aller faire à Madrid une spéculation sur l'achat et la revente d'un terrain isolé plus ou moins grand, dans un temps indéterminé ; *nous concevions des achats provisoires dont la réalisation serait subordonnée à l'obtention de la concession ou auxquels nous pourrions renoncer dans un délai déterminé, mais sans engagement fixe et actuel* qui nous force à des mises de fonds dans une affaire aussi incertaine et aventurée.

L'autorité devrait comprendre que des hommes sérieux et capables d'entreprendre de semblables affaires ont ordinairement l'emploi de leur temps et de leurs capitaux dans des affaires déterminées, sans aller gaspiller l'un et l'autre à l'amorce d'affaires incertaines et irréalisables.

M. Schacken, qui est en ce moment ici, partage tout-à-fait mon opinion à ce sujet. Nous nous engageons donc à replacer la négociation de cette affaire sur son véritable terrain, c'est-à-dire la demande de l'obtention de la concession du nouveau quartier, avec la faculté d'expropriation des terrains qui sont compris dans son périmètre, en offrant les garanties d'exécution qu'on pourra réclamer de nous.

Nous vous autorisons à communiquer la présente lettre à S. Exc. le duc de Sesto, alcade major.

Recevez, monsieur, nos civilités empressées.

BRUNEAU.   SCHACKEN,

Madrid, le 6 octobre 1862.

M. Giraud à M. Schacken et M. Bruneau.

J'ai l'honneur de vous envoyer ci-inclus copie d'une lettre que vient de m'adresser don Manuel Ruiz del Cerro, qui m'a fait part de la conversation qu'il a eue avec M. le duc Sesto et M. le Ministre de la Gobernacion.

. . . . J'ai eu l'honneur de vous écrire à tous deux dans ma lettre du 26 septembre, en vous invitant à vous concerter ensemble le plus promptement possible pour arriver à l'acquisition de la plus grande partie des terrains qui se trouve dans la zone de nos projets. Ainsi que je vous l'ai écrit, nous pourrions être à même de commencer dans un bref délai le tracé des avenues et des terrassements.

Je me permettrai de vous rappeler ce que vous m'avez fait l'honneur de me dire après la signature de notre acte : *Si ma présence est utile à Madrid pour arriver à une prompte solution, envoyez-moi une dépêche télégraphique, et j'arriverai.* Eh bien ! aujourd'hui, il y a urgence : *ou que vous arriviez ou que vous donniez des ordres immédiatement en conséquence, soit à moi, soit à vos agents à Madrid,* si déjà vous ne les avez donnés sur le reçu de ma dernière, en date du 26 septembre. Je vous prie de ne pas perdre un seul instant, attendu que les retards nous seraient préjudiciables. J'écris par le même courrier à M. Bruneau, à Bruxelles.

En attendant le plaisir de vous voir et l'honneur de votre réponse, je vous prie d'agréer mes sincères salutations.

P. S. Un propriétaire, M. Iglesias, vient m'offrir une grande partie de terrains dans la zone de nos projets.

Don Manuel Ruiz del Cerro à M. Giraud.

J'ai l'honneur de vous informer que M. le duc de Sesto, gouverneur civil de cette province et alcade corrégidor de Madrid, a reçu avec bien du plaisir les mémoires et plans que vous lui avez adressés. Il les a remis en communication à ses architectes. Son Excellence m'a dit qu'elle était enchantée que MM. Bruneau et Schacken soient les principaux intéressés de votre opération ; mais elle ne m'a pas caché que lorsqu'elle aura la certitude que votre Société sera propriétaire d'une partie des terrains, alors vous pourrez commencer vos travaux, et toutes les autorisations qui seront en son pouvoir vous seront données. Vous trouverez en Son Excellence un appui qui ne vous fera pas défaut ; mais elle garde cette réserve, vu que la spéculation s'est livrée sur certaines parties de la ville avec des promesses de projets à exécuter, et rien n'a été fait.

J'ai revu M. le ministre de la Gobernacion, que j'ai trouvé très-favorable à votre exécution, et il m'a dit vous avoir écrit pour vous accuser réception de mémoires et vous féliciter de votre travail.

Je serais heureux, monsieur, de contribuer, par mes conseils et démarches, à donner mon concours à une affaire qui doit embellir la ville de Madrid.

Je suis, etc.

Madrid, le 12 octobre 1862.

M. Giraud à M. Parent, *hôtel d'Ingleterra (Madrid)*.

J'apprends, par un hasard providentiel, que vous devez passer vingt-quatre heures à Madrid. Combien je serais heureux, Monsieur, que vous veuillez bien m'accorder une audience de quelques minutes seulement, afin de vous entretenir d'une affaire qui intéresse personnellement MM. Schacken et Bruneau. Je suis le porteur de ma lettre ; si dans ce moment vous ne pouviez pas me recevoir, veuillez être assez bon, Monsieur, pour m'assigner une heure.

Je vous prie, Monsieur, d'agréer, etc.

Madrid, le 13 octobre 1862.

M. Giraud à MM. Bruneau, *à Bruxelles*, et Schacken, *à Paris*.

Je vous avais promis des détails sur la conférence que j'ai eu l'honneur d'avoir avec M. le duc de Sesto, gouverneur civil et alcade corrégidor de Madrid. Je ne m'attendais pas, je l'avoue, à trouver dans le premier magistrat de cette cité un auxiliaire aussi puissant dans l'intérêt de nos projets. Après avoir développé l'avantage pour la ville du quartier royal que nous avons le projet de construire, Son Excellence m'a donné des idées, des encouragements et pas un seul argument contraire à notre entreprise. J'ai remis sur le tapis les promesses bienveillantes qu'il m'avait fait adresser par don Manuel Ruiz del Cerro, et lui ai demandé franchement quels étaient les moyens qu'il pourrait trouver faciles pour arriver à un prompt résultat.

« Si je vous ai engagé, m'a-t-il dit, à devenir propriétaires, acquéreurs d'une partie des terrains sis sur la zone de vos plans, c'est que je voyais un avantage immense pour ces Messieurs qui dirigent la Société financière. D'un autre côté, puisque vos grandes avenues se relient dans les grandes voies de communication du nouveau plan tracé par l'ingénieur M. Castro et approuvé par S. M. la reine, il est évident que l'utilité publique est acquise. »

Je n'entrerai pas dans tous les détails de cet entretien, ils m'ont satisfait au-delà de toutes mes espérances. Je suis rentré chez moi et j'ai motivé une demande officielle me portant fort au nom de la Société pour que la municipalité de Madrid, seule compétente dans l'espèce, m'accorde l'approbation de nos projets et son exécution.

J'ajouterai à ces détails, Messieurs, que le Ministre de la Gobernacion, M. Posada Herrera, qui sera appelé à sanctionner lesdites autorisations, nous est on ne peut plus dévoué..... Vous pouvez, dès aujourd'hui, considérer nos opérations comme définitivement conclues. Je crois avoir presque rempli mon mandat. Permettez-moi, Messieurs, de vous soumettre mes idées au sujet de ce qu'il y aurait à faire le plus promptement possible, et ce à quoi d'avance je me suis occupé depuis quelques jours.

Sous peu, je vous transmettrai le modèle d'un contrat provisoire d'achat de terrains qui, quoique conditionnel, aura son effet définitif après votre approbation. Si je réussis dans cette négociation, vous serez, je crois, satisfait de moi. Je ne puis livrer au papier ni les impressions que j'ai reçues des bonnes dispositions de l'autorité, moins encore de relever par écrit les moyens que je pourrais employer pour arriver à une négociation d'achat provisoire. M. le gouverneur civil avait été d'abord effrayé des divers projets joints à mon mémoire; aussi lui ai-je déclaré, tant en mon nom qu'au vôtre, que nous n'avions, quant à présent, à nous occuper que du quartier Royal, seule opération que nous poursuivons aujourd'hui. Je pense que c'est votre avis. Je me croyais arrivé au point de vous télégraphier, comme vous m'y avez autorisé, pour que l'un de vous, Messieurs, vienne immédiatement à Madrid pour finir la conclusion de nos affaires ou que vous m'envoyez autorisation par le télégraphe d'aller vous rendre compte de ma mission, soit à Paris, soit à Bruxelles, car, comme je vous l'ai dit plus haut, il est des explications que je ne puis livrer au papier. Je suis, Messieurs, comme vous le voyez, dans l'attente, non pas d'une lettre de vous en réponse à la présente, mais d'une dépêche télégraphique qui m'annonce que l'un de vous doit venir à Madrid ou que je doive aller vous trouver. Considérez donc et déjà l'approbation de nos projets et l'autorisation de les exécuter donnés par les chefs de la municipalité de Madrid comme un fait acquis.

J'ai l'honneur, etc.

Bruxelles, le 17 octobre 1862.

M. Bruneau à M. Giraud.

Monsieur,

J'ai reçu vos dernières lettres, qui nous tiennent au courant du résultat de vos premières démarches, mais *je trouve dans votre dernière du 13 une lacune importante, c'est sur la question principale de savoir si l'approbation du plan par la municipalité donnerait le droit d'expropriation,* sinon, cette approbation aurait pour résultat immédiat à faire augmenter les prix et les prétentions des propriétaires des terrains.

Pour nous, tout est dans le droit d'expropriation, sans cela il n'y a plus d'opération à tenter, et notre présence ne serait d'aucune utilité, si elle ne pouvait aboutir à ce résultat.

Il est bon de faire des projets de contrats provisoires, parce qu'il sera possible aussi d'avoir de meilleures conditions, mais il serait impossible d'acquérir ainsi la totalité des terrains qui seront compris dans le plan ; il faut, en tout cas, qu'il soit bien entendu que la réalisation de ces contrats provisoires reste subordonnée à notre acceptation et à la formation de la société pour l'exécution du projet.

Je trouve notre présence à Madrid, comme votre visite ici encore prématurées, puisque le fondement de l'affaire, c'est-à-dire le droit d'expropriation n'est pas encore assuré.

Je crois, comme vous le dites, que le chef de la municipalité de Madrid approuve et autorise l'exécution de vos plans, *mais ce n'est là qu'une partie de ce qui est nécessaire pour constituer l'affaire, le droit d'expropriation est le principal,* et votre lettre ne nous donne pas de renseignements assez positifs sur ce point. J'espère en avoir par votre prochaine.

Recevez mes civilités empressées.

BRUNEAU.

Madrid, le 17 octobre 1862.

M. GIRAUD *à* M. BRUNEAU *et* M. SCHACKEN.

Messieurs,

. . . . . Quant aux quelques propriétés que nous n'aurions pu avoir à l'amiable, nous avons de droit l'expropriation des passages de la voie publique, puisque c'est le droit de la ville d'exproprier les propriétés qui se trouvent sur le tracé de son plan d'agrandissement. M. le duc de Sesto m'a fait ressortir tous ces avantages, par conséquent aucun empêchement à la réalisation de notre œuvre.

Vous pouvez en toute sécurité former immédiatement la compagnie financière dont vous parlez dans vos dernières lettres. Je dois vous dire que l'alcade corrégidor et gouverneur civil M. le duc de Sesto, ainsi que le Ministre de la Gobernacion ont désiré prendre et garder copie de la lettre que j'ai cru devoir leur laisser prendre, puisque vous m'en aviez donné l'autorisation de la leur communiquer... »

Bruxelles, le 25 octobre 1862.

M. BRUNEAU *à* M. GIRAUD.

Monsieur,

. . . . . . Je conçois que son Excellence le duc de Sesto, comme alcade corrégidor, ou autorité locale, puisse approuver le plan et même vous concéder (comme vous le dites) le droit d'expropriation du *passage* de la voie publique, mais cela ne suffirait pas et ne nous mènerait à rien, si nous n'avions pas en même temps le droit d'exproprier au besoin les terrains latéraux à la voie publique, sur une profondeur suffisante pour y faire des constructions.

Vous nous dites aussi que, après l'approbation de notre nouveau plan, nous pourrions acquérir tout, ou presque tout le quadrilatère compris entre la porte de Alcala, les Recoletos, las Delicias et la Fuente Castellana, mais vous ne dites pas de quelle manière nous pourrions faire ces acquisitions? Est-ce à l'amiable, est-ce par expropriation forcée? Si c'est à l'amiable, et que les deux ou trois premières acquisitions faites les autres refusent ou augmentent exagérément leurs prix, que ferions-nous ? On ne peut pas ainsi s'embarquer dans une affaire sans certitude d'aboutir au port.

Vous nous engagez à faire une société, mais pour cela, nous devons d'abord avoir un apport à lui faire, celui de la base de la société même, c'est-à-dire *la concession légale du nouveau quartier, il est donc indispensable que nous ayons d'abord cette concession, c'est-à-dire un droit ou un privilége à apporter à la société à former.*

M. Schacken vient ici mardi prochain, nous nous occuperons de poser les bases d'un projet de société qui doit être nécessairement anonyme, et si d'ici là nous recevons des nouvelles concluantes de votre part, nous aviserons alors à ce qu'il y aura à faire.

Vous nous dites que le général Prim a l'intention de prendre des actions dans la société, quel en serait le nombre? Serait-il disposé aussi à faire partie du conseil d'administration de la société avec un ou deux de ses amis bien placés? Et quels seraient ces derniers?

Je comprends bien, mes observations jettent un peu d'eau froide sur votre enthousiasme; mais, croyez-moi, quand on veut réussir dans de grandes affaires, une sage lenteur et une marche prudente et mesurée sont de meilleurs gages de succès, que la précipitation et la course aventurée, c'est l'éternelle histoire du lièvre et de la tortue, mais *soyez assuré que lorsque l'affaire sera mûre et en règle les retards ne seront pas longs de notre part.*

Recevez, Monsieur, nos civilités empressées,

BRUNEAU.

Je vous retourne la lettre de M. Malingre. Quoi qu'il en dise, il s'est rendu aussi à Paris chez M. Schacken pour le voir, et bien qu'il n'ait pu voir M. Schacken, celui-ci a compris qu'il désirait l'entretenir d'une affaire semblable à la vôtre.

Madrid, le 31 octobre 1862.

M. Giraud à MM. Bruneau et Schacken.

Messieurs,

. . . . . . En vous confirmant mes deux dernières lettres, j'ajouterai que ce qui me fait vous observer et vous engager à l'achat immédiat des terrains, comme chose indispensable, c'est d'après l'avis bienveillant et confidentiel de M. le duc de Sesto qui me dit : « l'intérêt de ces Messieurs est de devenir acquéreurs d'une grande partie des terrains de la zone, cela moralisera l'opération auprès de tout le monde. » Il ajouta : « Vous pouvez arriver à l'exécution du projet sans la loi d'expropriation. » Mais cette question, pour l'obtenir, est loin d'être abandonnée par moi, car d'après le concours du Ministre de la Gobernacion, à la rentrée des Chambres le gouvernement doit présenter cette loi, qui sera modifiée pour être appliquée à l'expropriation d'utilité publique et d'intérêt général à des Compagnies particulières. Je ne fais aucun doute sur le succès, car le gouvernement a la majorité aux Chambres. . . . .

J. Giraud d'Aguillon.

Madrid, le 2 novembre 1862.

M. Giraud à MM. Bruneau et Schacken

Messieurs,

Conformément aux promesses que j'ai eu l'honneur de vous faire dans ma dernière, de vous tenir au courant de toutes mes démarches pour l'acquisition des terrains à l'amiable, je suis obligé de vous annoncer aujourd'hui qu'elles donnent de très-bons résultats. Plusieurs propriétaires sont venus à l'hôtel me faire des propositions de vente à de très-bonnes conditions. Cependant une difficulté se présente. C'est qu'il est d'habitude dans les lois et coutumes de ce pays, lorsqu'on passe le contrat préliminaire, de donner une garantie pour l'accomplissement des engagements pris sur ledit contrat. J'ai calculé à peu près ce dont j'aurai besoin pour engager à l'amiable la totalité des terrains qui se trouvent sur la zone de notre projet. Un somme de 100 à 125,000 francs déposée chez votre banquier de Madrid suffirait pour réaliser cette opération dans l'espace de quinze jours au plus. A tous les propriétaires qui se sont présentés, je les ai priés d'attendre une huitaine de jours, afin d'avoir le temps de vous consulter. Je dois pourtant vous prévenir que, dans l'intérêt de tous, j'ai engagé formellement ma responsabilité vu les prix modérés (4 à 5 réaux en moyenne), auxquels nous pouvons les acquérir aujourd'hui, et confiant que je suis que votre approbation ne me fera pas défaut. En traitant ainsi à l'amiable avec garanties aux propriétaires, il y aurait, j'en suis convaincu, un avantage d'au moins 1 réal par pied en moyenne, ce qui sur huit à dix millions de pieds ferait une différence en notre faveur d'au moins 2 millions de francs. Agissant ainsi, une promesse de vente serait faite (la même pour tous), et je suis convaincu, d'après ce que tous m'ont dit, que pas un seul ne ferait défaut à la signature. Ainsi pas d'expropriation à faire, ce qui entraînerait des lenteurs indéfinies et du reste nous n'en avons pas besoin, comme j'ai déjà eu l'honneur de vous le dire. Mon projet primitif n'apportait ainsi, Messieurs, à la Société que 460,000^m (soit 5,488,000 pieds) et nous n'avions que 8,000^m linéaire de façade sur les avenues. Aujourd'hui, nous pouvons vous apporter 10,000,000 de pieds et 20,000^m de façade sur toutes les avenues, ce qui est d'un avantage immense pour la spéculation. Les propriétaires dont j'ai la parole forment la presque totalité de la grande avenue et de la place de la Princesse. Si depuis que je suis à Madrid, j'avais pu disposer de ce dépôt comme garantie aux propriétaires, nous pourrions dès aujourd'hui mettre la main à l'œuvre. *L'on m'affirme que M. Parent vient d'acheter 15 à 16 cent mille pieds à la Fuente Castellana au prix moyen de 13 réaux le pied.* Comprenant l'augmentation de prix que doit suivre les commencements d'exécution du projet d'aggrandissement, M. Salamanca achète de tous côtés en payant comptant. L'on me propose dans la zone d'aggrandissement et sur le quartier le plus industriel, touchant à la gare du chemin de fer d'Alicante, un grand terrain qui serait des plus convenables pour les maisons à petites locations, qui manquent entièrement à Madrid, trois millions de pieds au prix de 3 réaux 1⁄2 le pied payables : un quart en passant le contrat et les trois autres quarts d'année en année. Un grand marché doit être construit pour la ville au centre dudit terrain. En y construisant notre villa modèle sur 500,000 pieds environ, les 2,500,000 pieds restants se revendraient vite à de très-bonnes conditions. J'ai un engagement de quinze jours signé par le propriétaire.

Un mot télégraphique à ce sujet, ou je me verrai forcé de traiter cette bonne affaire avec un autre personne qui me la demande.

Veuillez, Messieurs, être as ez bons pour me donner une réponse *immédiate* sur tout le contenu de la présente, vu l'urgence. En attendant, Messieurs, l'honneur de votre réponse, je vous prie d'agréer, etc.

J. GIRAUD D'AGUILLON.

P. S. Depuis plusieurs jours, je comptais sur une réponse télégraphique à ma lettre du 24. Ce silence a lieu de m'étonner.

Madrid, le 3 novembre 1862.

M. Gibaud *à* MM. Bruneau *et* Schacken, *Bruxelles.*

Messieurs,

Comme j'ai eu l'honneur de vous l'indiquer dans ma dernière, en date d'hier, les propriétaires présentant plus de 12 millions de pieds, se sont réunis de nouveaux chez moi. La séance a durée de sept heures à onze heures du soir. Vu les bonnes conditions ou je me trouvais placés au près de ces Messieurs, et le concours bienveillant que tous me prêtent pour faciliter l'exécution de nos projets, je me suis engagé formellement à l'achat de tous les terrains à raison de 3 à 4 réaux en moyenne après qu'ils auront rempli toutes les formalités. Confiant, Messieurs, comme je le suis, que j'aurai votre approbation qui ne me fera pas défaut, *maintenant, Messieurs, il n'est plus possible de retarder votre arrivée à Madrid,* ou d'envoyer à un de vos banquiers la somme de 100,000 fr. qui serait déposée chez lui comme garantie des engagements pris, ainsi que je vous l'expliquais dans une de mes dernières.

M. Castro est tellement favorable à l'exécution de nos projets qu'il a eu l'obligeance (connaissant la réunion qui devait avoir lieu), d'envoyer hier au soir le grand plan cadastral de toute cette zone (ce qu'il ne donne à personne.) Je suis allé le remercier ce matin, il m'a offert tous ses services et m'a dit d'avance *qu'il approuverait tous les changements que je voudrais faire sur mon projet d'agrandissement,* et que j'avais en lui, dès aujourd'hui, un véritable ami.

Voyez, Messieurs, comme tout marche au gré de nos désirs. Ces Messieurs s'étant renseignés près des autorités et ayant appris que MM. Schacken et Bruneau étaient dans l'affaire, m'ont mis au pied du mur et j'ai été forcé de leur faire voir votre signature, leur lisant quelques paragraphes de votre lettre du 4 octobre, ce qui a produit un très-bon effet, car ils se sont convaincus de la vérité de l'affaire. Quelqu'un de ces Messieurs est allé un peu plus loin, disent que MM. Schacken et Bruneau étaient tellement connus à Madrid, que des premiers banquiers de la capitale avaient dit que si MM. Schacken et Bruneau étaient dans l'affaire ils n'auraient pas d'inconvénient à procurer tous les millions dont ils pourraient avoir besoin. *Si vous ne me répondez pas télégraphiquement, Messieurs, vous me mettriez dans une très-fausse position vis-à-vis de tous ces Messieurs.*

Attendant, Messieurs, avec vive impatience de vos nouvelles, je vous prie d'agréer mes civilités.

Madrid, 6 novembre 1862.

M. Giraud *à* MM. Schacken *et* Bruneau.

Dans cette lettre M. Giraud parle encore de ses traités avec les propriétaires.

Bruxelles, le 10 novembre 1862.

M. Bruneau *à* M. Giraud.

Monsieur,

J'ai tardé à répondre à vos dernières lettres parce que je désirais d'abord conférer avec M. Schacken sur la position nouvelle qu'elles tendaient à nous faire.

D'après nos conventions, vous deviez solliciter à Madrid la concession pour la formation d'un nouveau quartier, c'est-à-dire le privilége de sa construction, *et le droit d'expropriation indispensable pour mener l'affaire à fin*, et cette concession obtenue nous devions former une société financière à laquelle nous aurions fait apport de cette concession et qui se serait chargée des dépenses d'exécution. Cette position était claire et nette et nous n'étions engagés qu'à faire jusqu'à concurrence d'un certain chiffre, les dépenses préliminaires à l'obtention de la concession.

Au lieu de cela, vous proposez aujourd'hui d'abandonner la demande de concession et de procéder à l'exécution de votre nouveau projet en acquérant ferme tous les terrains qui doivent y être compris, et pour cela vous nous proposez d'acheter immédiatement une grande quantité de ces terrains, de payer de suite une partie du prix que vous estimez à 125,000 fr., et naturellement de nous engager pour le restant à des époques déterminées, quelles que soient les éventualités à venir, et que nous fassions, oui ou non, une société pour l'exécution du projet.

Pour entrer dans une semblable voie, il faudrait d'abord être préalablement certain d'acquérir simultanément tous les terrains compris dans l'exécution du plan, sinon une fois les premières acquisitions engagées, les autres deviendraient de plus en plus difficiles et onéreuses, et il suffirait de quelques récalcitrants pour faire manquer toute l'opération ou la rendre pleine de difficultés, et sous ce rapport M. Salamanca, que vous citiez comme opérant déjà sur le terrain en question, suffirait pour créer ces embarras ou ces impossibilités.

3

D'un autre côté, il faudrait être certains aussi de former de suite la socié
financière et de réunir les capitaux considérables qui seront nécessaires po
toute l'opération, et qui seront beaucoup plus élevés que ceux de notre premi
projet, sinon on courrait le danger d'être engagés personnellement, non-se
lement pour les premiers paiements, mais encore pour la totalité des pi
d'achat, dans le cas éventuel de la non formation de la société; or, no
savons trop par expérience combien des événements subits et imprévus pe
vent arrêter ou empêcher la solution des affaires les meilleures et les plus sûre
pour aller nous lancer dans une semblable affaire avant d'être assurés
l'issue.

Vous nous avez parlé aussi de promesses de vente sans engagement de not
côté, et sans paiement préalable; si cela ne peut se faire, si votre premi
projet et le système de concession doivent être abandonnés, il y a lieu d'exa
miner si nous devons entrer dans l'exécution de votre nouveau projet et d
système que vous proposez; et comme toutes les questions qui doivent éclair
une décision à cet égard ne peuvent se traiter par correspondance, nous avo
dus nous décider à aller les examiner nous-mêmes à Madid, et l'un de nous s
rendra la semaine prochaine.

Bruneau.

Madrid, le 11 novembre 1862

M. Giraud à M. Bruneau.

Je vous confirmerai d'abord les résultats obtenus, en m'assurant l'acquisi
tion à un prix, plus que modéré, de 8 ou 10 millions de pieds de terrains, suffi
sant pour l'exécution de notre projet. J'ai acquis cette vente en quatorze caté
gories de prix, qui donnent une moyenne inférieure à mes estimations d
terrains dans mon devis, et tout cela malgré la situation de l'action industriell
pour l'achat des terrains à Madrid. L'autorité est de plus en plus bienveillant
pour nous. Une influence des plus importantes m'est acquise, c'est celle d
l'ingénieur Castro.

Vous l'avez reconnu vous-même, et nous sommes en telles relations aujour
d'hui qu'il se prête à lier son projet avec le mien pour le rendre plus favorable
Je dois vous faire connaître aujourd'hui ce que je qualifie d'obstacles, qui n
sont que des intérêts personnels, qu'il nous sera très-facile de surmonter.

La maison Salamanca avec Gaudara et Cie ont depuis longtemps le projet d'é tablir une avenue parallèle à la fuente Castellana pour y construire des hôtels ou vendre des terrains hors de prix. A cet effet, ils ont acheté une partie de ces terrains situés sur la rive droite de la fuente Castellana, mais en dehors de la zone de mes plans, quoique limitrophes.

M. Parent, d'un autre côté, et l'on m'assure que c'est sous la raison Parent, Schacken et Trélat, et quelques spéculateurs espagnols ont acheté sur la rive gauche de la fuente Castellana, des terrains à une moyenne de 15 à 18 réaux le pied. Il est évident que notre projet pourrait paralyser l'effet de cette entreprise ; mais je dois déclarer que nous serions assez forts pour surmonter tous les obstacles qui pourraient se susciter. *Je ne trouverais pas étonnant que par des moyens qui me sont inconnus, ils cherchent soit auprès de vous, soit auprès de M. Schacken, non pas à vous détourner de l'action, qui est si bien cimentée, mais à vous refroidir par des faits inexacts sur la véritable situation.* Je crois avoir rempli au-delà de mon mandat ma mission. Le moment est venu de vous rappeler vos paroles : « *Que sitôt que l'affaire sera mûre, les retards de votre part ne seront pas longs.*

J'ai cru devoir vous faire connaître, Monsieur, tous ces détails, et serais très-heureux, que vous daigniez y répondre.

Je ne m'explique pas votre silence à mes lettres, et surtout principalement à celle du 24 octobre dernier, et à ma dépêche du 1er courant.

J'ai l'honneur, etc.,

Madrid, le 11 novembre 1862.

M. Giraud *à* M. Parent.

J'ai eu l'honneur de me présenter à votre hôtel plusieurs fois dans l'espoir d'être reçu par vous. Étant à Madrid pour la réalisation d'un grand projet et en vertu d'un traité signé par MM. Schacken, Bruneau et moi, je serais désireux de vous entretenir de cette affaire, qui intéresse ces deux Messieurs.

Dans l'espoir de recevoir une audience de vous, je suis, avec la plus parfaite considération, votre tout dévoué serviteur,

J. Giraud d'Aguillon.

Madrid, le 13 novembre 1862.

M. Giraud à MM. Schacken et Bruneau.

Un incident que je croyais heureux s'est présenté; c'est l'arrivée à Madrid de M. Parent. Je me disais si ce n'est pas une sanction directe, ce sera tout au moins un concours moral. Mais, comme je vous l'ai écrit dans ma lettre d'hier, M. Parent, harcelé par des spéculateurs qui le poussent dans une opération d'achat de terrains étrangère à la nôtre; opération qui a pour but d'acheter des terrains sur les limites de notre zone, mais au prix d'une moyenne de 17 à 18 réaux. M. Parent, informé de notre projet par l'autorité elle-même, a cru décliner sa participation, et a même douté que son associé, M. Schacken, en fût l'un des intéressés. Comment concilier le paragraphe de votre lettre du 4 octobre avec le dire de M. Parent? Cela me faisait, auprès de l'autorité, une position équivoque que ma dignité ne pouvait accepter, car je pouvais passer auprès des hommes haut placés qui m'avaient prêté leur concours et leur confiance comme un faiseur, qui se sert de noms honorables pour faire des affaires. J'ai cru bien agir et je m'en réjouis maintenant d'avoir provoqué une entrevue avec M. Parent; d'où il résulte que, d'après mes explications, il s'est convaincu que notre affaire est des plus importantes et plus supérieure à celle qui lui était proposée, et qu'il n'abandonne pas, sans doute, malgré que les terrains qui lui sont indiqués limitrophes à notre quadrilatère sont au prix de 17 à 18 réaux le pied, quand les engagements que j'ai pris avec une vingtaine de propriétaires, et après avoir établi quatorze catégories de prix, me donnent une moyenne de 3 réaux avec quelques engagements partiels insignifiants pour une si grande opération. J'ai cru, pour confirmer mes dires à M. Parent et faire connaître la vraie situation, présenter M. Ruiz Manuel del Cerro dans une seconde entrevue que j'ai eue hier au soir. Je reste persuadé que les renseignements qui ont été donnés par l'homme qui m'a prêté ses conseils et qui m'a aidé à la réalisation de mes engagements avec les propriétaires, ont fini par convaincre M. Parent, et j'ai la satisfaction de vous annoncer que je l'ai quitté dans les meilleurs dispositions et vous en serez convaincus vous-mêmes à son arrivée à Paris, car il part demain au soir.

Paris, 18 novembre 1862.

M. Bruneau *à* M. Giraud.

Cette lettre annonce à M. Giraud que M. Schacken ne pouvant aller à Madrid, M. Dolez, gendre de M. Bruneau, va s'y rendre à sa place.

Madrid, le 18 novembre 1862.

M. Giraud *à* M. Bruneau.

J'ai eu, comme je vous l'ai annoncé dans mon entretien avec M. Parent, la satisfaction de voir qu'il avait compris mes travaux et en avait approuvé les moyens. En dehors de ma situation personnelle au sujet des quelques fonds que j'avais sollicité de vous, je suis encore sans réponse définitive sur la question des terrains à acquérir, et pourtant j'ai résolu le problème posé par vous : Vous m'avez dit que vous ne compreniez pas l'achat des terrains partiels, mais bien l'achat de ceux nécessaires à l'édification du projet; c'est ce que j ai fait, et ce dont M. Parent a paru satisfait.

Bruxelles, le 3 décembre 1862.

M. Bruneau *à* M. J. Giraud.

. . . .

Notre contrat déterminant bien clairement votre mission et nos obligations, vous avez reconnu que votre projet qui faisait la base de ce contrat était irréalisable ou difficile, vous nous en avez proposé un nouveau dont la première conséquence serait d'entraîner de notre part des engagements personnels immédiats, tandis que cette circonstance importante ne se présentait pas pour nous d'après notre convention, il n'est donc pas étonnant que, sous ce rapport seul, nous cherchions à nous éclairer avant de savoir si nous devons, oui ou non, nous engager dans ce second projet.

Vous vous faites des illusions sur les facilités d'exécution et le mérite de ce second projet sur lequel les opinions sont bien divisées; *ainsi , M. Parent n'en*

a pas l'idée favorable que vous lui supposez. M. Dolez me transmet des impres-
sions favorables, mais émises par des fonctionnaires qui aimeraient sans doute
à le voir réaliser, tandis que ces impressions sont tout autres de la part de
personnes désintéressées, et ce qui est certain c'est qu'on ne trouvera pas
un écu en Espagne pour y contribuer.

Vous nous aviez dit que le général Prim s'y intéresserait pour une grosse
part, et y entrerait comme administrateur ; il a dit au contraire à M. Dolez qu'i
n'y mettrait pas un sol , et désirait y rester tout-à-fait étranger.

Vous nous aviez annoncé une lettre du duc de Sesto approuvant votre projet, et il a dit à M. Dolez qu'il ne donnerait une lettre que lorsque nous aurions
acquis les terrains, c'est toujours à dire que nous devrions commencer par
prendre des engagements qui nous lient, tandis qu'on ne veut pas même commencer par faire des promesses qui ne lient pas.

Vous nous avez écrit aussi que vous aviez des engagements de tous les propriétaires, et il parait maintenant qu'ils n'existent pas.

Dans ces circonstances, vous ne devez pas trouver étrange que nous conti-
nuions à nous éclairer, et la continuation du séjour de M. Dolez à Madrid es
une preuve de notre désir d'arriver à une solution favorable et qui nous per-
mette de donner suite à votre nouveau projet, *mais vous voudrez bien com-*
prendre que, jusqu'à ce qu'une décision intervienne à ce sujet, et j'ai lieu de
croire qu'elle aura lieu dans une prochaine conférence avec MM. Parent e
Schacken, nous tenions essentiellement à rester dans les termes de notre con-
trat, et à ne poser aucun acte qui pourrait nous entraîner au-delà sans le vouloir. . . . . .

J'espère que prochainement la situation nouvelle sera déterminée d'une ma-
nière précise, et à votre satisfaction.

Madrid, le 11 décembre 1862.

M. Giraud à MM. Bruneau et Schacken.

. . . . . . Le traité me donnait pour mandat de faire accepter mes plans par
l'autorité de Madrid ; je n'avais même pas, à la vérité, à m'initier dans la question financière, ni à celle des terrains, mais après que le duc de Sesto, et le
personnes compétentes ont approuvé le projet, ils me firent observer que, dan
votre intérêt, il vaudrait mieux procéder par l'achat de quelques terrains, et que
par ces motifs l'on éviterait qu'il soit question d'expropriation, et que les bé

néfices pour l'opération en seraient meilleurs pour la société. J'ai cru de mon devoir d'agir comme je l'ai fait, et je vous avoue que j'étais loin de m'attendre à être désapprouvé par vous. L'affaire n'a nullement changé de phase, et ce que vous appelez le nouveau projet n'en est pas un, c'est toujours le même, seulement il s'est amélioré tout à votre avantage.

. . . . . . Votre lettre du 10 novembre me donnait presque la sanction morale de poursuivre cette combinaison, vous me disiez : « Pour entrer dans une sem-« blable voie, il faudrait d'abord être préalablement certain d'acquérir simul-« tanément tous les terrains compris dans l'exécution des plans, etc. » C'est précisément ce que j'ai fait, et ce qui m'a fait vous écrire vous disant qu'avec un simple dépôt, nous deviendrions propriétaires de tous les terrains nécessaires à l'édification de nos projets.

. . . . . . *Vous me dites que M. Parent n'a pas les idées favorables comme je vous l'avais mentionné ; je vous ai fait part de ce qu'il m'a dit, mais je vais vous dire ce que je pense franchement à ce sujet : M. Parent s'occupe d'une af-faire qui n'est pas la vôtre, et je sais que les personnes, qui y sont intéressées, que je pourrais vous nommer au besoin, ne voient pas avec plaisir qu'une af-faire à peu près semblable en spéculation puisse être faite et vienne paralyser la leur, quoique M. Parent m'ait dit, ainsi qu'au duc de Sesto, que les deux af-faires pourraient se lier ensemble, ce qui est d'ailleurs très-faisable . . . . . .*

———

Madrid, le 2 janvier 1863.

M. Giraud à MM. Schacken, Bruneau et Parent.

. . . . . . *J'apprends à l'instant que M. Schacken et la Compagnie Parent-Schacken viennent d'acheter définitivement les terrains de la fuente Castellana et Chamberi, afin d'organiser une société immobilière.* Ce fait prouve la bonté de ces sortes d'affaires à Madrid, et, par conséquent, de la spéculation que je vous ai apportée. Voilà donc le vrai moment de lier les deux affaires comme le pensait M. Parent, disant qu'elles pourraient peut-être se lier ensemble.

Dans l'attente, etc. . . . . . .

———

Bruxelles, le 7 janvier 1863.

MM. Schacken et Bruneau à M. J. Giraud.

M. Dolez, avant son départ de Madrid, vous a fait connaître notre intention de ne pas donner suite à l'affaire projetée entre nous, et nous avons attendu son retour ici pour avoir son rapport avant de vous écrire directement ; il constate, et votre lettre du 2 janvier le confirme, que vous ne vous rendez pas bien compte de notre position respective.

Notre convention portait sur deux points principaux : 1° l'obtention par vous d'une concession pour l'érection d'un nouveau quartier à Madrid, *avec le droit d'expropriation nécessaire*, et la formation par nous d'une société ; et 2° une limite de dépenses au-delà de laquelle nous sommes libres de ne pas aller.

En deux mots, vous n'avez pas obtenu la concession projetée ; et, en tout cas, la somme fixée est plus qu'épuisée : nous sommes dégagés envers vous, d'après notre première convention, et nous n'avons pas l'intention d'en contracter une nouvelle.

Le système nouveau d'achats volontaires de terrains que vous nous proposez et que nous avons combattu dès le principe sort complétement de notre projet et ne peut nous convenir : d'abord parce qu'il entraînerait des engagements personnels considérables qui devraient être contractés en notre nom, sans contrôle suffisant de notre part, et puis parce qu'il y a si peu de garanties que la totalité des terrains indispensables à l'exécution de votre projet pourrait être acquise à l'amiable, qu'il semble même certain, dès à présent, que vous ne pourriez pas avoir de cette manière une grande quantité des terrains qui forment l'entrée et la tête de votre quartier projeté.

L'approbation de vos plans par l'autorité locale ne donne pas d'autre droit que celui qui appartient à tout propriétaire de bâtir sur son terrain.

Vous invoquez l'opinion favorable de M. *Parent ; je ne sais ce qu'il a pu vous dire à Madrid, mais il est certain que c'est son opinion, fondée sur son examen personnel, qui a surtout déterminé la résolution que nous avons prise de ne pas donner suite à l'affaire.*

Vous restez donc libre d'y donner, pour votre compte particulier, la suite qui vous conviendra ; nous usons, de notre côté, de la faculté qui nous était réservée, et nous nous considérons comme dégagés loyalement et moralement de toute obligation à votre égard.

Recevez, Monsieur, nos civilités empressées.

Schacken.   Bruneau.

Madrid, 3 novembre 1862.

M. José Grijaldo à M. Giraud.

Monsieur,

Recommandé et présenté à vous par notre ami commun, M. B. Iglesias, comme possesseur de différents terrains dans la nouvelle enceinte de Madrid; et après avoir conférencé avec vous sur les conditions qui vous seraient acceptables, je viens vous proposer la vente des terrains ci-après, lesquels sont situés dans le périmètre de vos plans, dont vous avez bien voulu me donner un calque.

Le détail de ma proposition est celui-ci :

Pieds carrés superficiels.		Prix de chaque pied.
486,000		
173,000	1,144,100	3 réaux.
485,100		
67,000	155,200	5 réaux.
88,200		

En tout un million deux cent quatre-vingt-dix-neuf mille trois cents pieds carrés superficiels

Les prix et la situation de ces terrains étant d'accord avec vos désirs et les offres que vous m'avez faites, je vous prie de vouloir bien me dire, si vous acceptez les propositions ci-dessus, pour vous remettre dans ce cas les titres de ces propriétés, et procéder aux formalités légales.

Agréez, etc.,

Grijaldo,
Calle de la Libertad, n° 6 bis.

Madrid, 25 septembre 1862.

M. Iglesias à M. Giraud.

- Monsieur,

Je viens mettre sous vos yeux le résultat des démarches que j'ai faites dans le but de vous procurer les terrains propres à l'édification que vous avez en vue.

Je puis vous fournir une étendue de terrains de 12 millions de pieds carrés superficiels environ dans une seule plaine, entre la route d'Aragon et la promenade de la Castellana. C'est là l'endroit choisi par vous pour bâtir le nouveau quartier. Cette fourniture sera faite aux conditions suivantes, etc., etc.

BERNARDO IGLÉSIAS.

30 octobre 1862.

M. FUCH à M. GIRAUD.

D'après ce que nous avons causé relativement à la proposition que je vous ai faite de vous vendre mon terrain situé entre les promenades de las Delicias et celle del Embarcadero del Canal, d'une contenance superficielle de à peu près trois millions de pieds castillans, terrain que vous connaissez déjà; je m'engage à vous le vendre aux conditions suivantes :

Prenant la totalité à trois réaux et demi le pied. . . . . .

FUCH .

A. GUYOT ET SCRIBE, imprimeurs de l'Ordre des Avocats au Conseil d'État et à la Cour de Cassation, rue Neuve-des-Mathurins, n° 18.